Heike Haas

Die Autorin Heike Haas lebt in Lahnstein. Sie ist Berufsschullehrerin im Fachbereich Gartenbau und hat sich daher von Grund auf mit den Lebensprozessen der Pflanze befasst.

Zunächst schildert sie in einem vierseitigen Text das Zusammenwirken der 4 Elemente des Lebens - Feuer, Wasser, Erde, Luft - auf das Leben der Pflanzen und folglich auch Tier und Mensch.

Die dann folgenden 57 Gedichte sind den Kapiteln zugeordnet: Element Feuer; Element Wasser; Element Erde; Element Luft; Zusammenwirken der Elemente; Gedichte zur Meditation. Eigene Fotografien unterstützen die Aussagen der Gedichte; ein Fotoverzeichnis befindet sich am Ende der Gedichtkapitel.

Sie finden in diesem Buch Gedichte mit und ohne Reim; Silbengedichte; Elfchen und Haiku (nach japanischem Vorbild). Die Gedichtformen werden im vorliegenden Buch auf zwei Seiten (S. 84/85) kurz beschrieben, und jeweils ein Gedicht zugeordnet. Das Beispiel eines Versmaßes wird durch das Setzen von Betonungszeichen (Gedicht: März) auf S. 86 erklärt.

Am Buchende befindet sich ein kombiniertes Kapitel-/Titelverzeichnis. Ein alphabetisches Titelverzeichnis, sowie eine Liste deutscher und botanischer Pflanzennamen vervollständigen das Buch.

Heike Haas

Die 4 Elemente des Lebens

Feuer, Wasser, Erde, Luft

Gedichte

Titel: Blühende Seerose im Teich

Heike Haas veröffentlichte
bei Books on Demand (BoD) im Jahr 2020:

Erleben Sie die Jahreszeiten am Mittelrhein
ISBN 9783750418981

Insel im Kobaldblau - Vom Abend zur Nacht
ISBN 9783752628319

Bibliografische Information der Deutschen Nationalbibliothek:
Die Deutsche Nationalbibliothek verzeichnet diese Publikation in
der Deutschen Nationalbibliografie; detaillierte bibliografische Daten
sind im Internet unter dnb.dnb.de abrufbar.

Herstellung und Verlag BoD -
Books on Demand, Norderstedt

ISBN 978-3-7526-6914-5

Heike Haas

Die 4 Elemente des Lebens

Feuer, Wasser, Erde, Luft

Gedichte

Die Sonnenblume

Die 4 Elemente des Lebens

in zusammenhängendem Text

Die vier Elemente des Lebens

Seit etwa 2500 Jahren ist die Vier-Elemente-Lehre bekannt. Sie bedeutet: das Leben der Pflanzen, Tiere und des Menschen wird durch die vier Elemente Feuer, Wasser, Erde und Luft bestimmt. Diese Elemente sollten ausgewogen sein und im Gleichgewicht stehen, damit sie Leben ermöglichen können.

Unter dem Element **Feuer** ist hauptsächlich die Energie zu verstehen, die von der Sonne in Form von Licht und Wärme auf die Erde gelangt. Das Sonnenlicht ist Voraussetzung für den Vorgang der Fotosynthese der grünen Pflanzen: dabei werden die anorganischen Stoffe Wasser und Kohlenstoffdioxid unter Beteiligung des grünen Farbstoffes Chlorophyll (Blattgrün) und des energiereichen Lichtes in Traubenzucker (ein Kohlenhydrat) und Sauerstoffgas umgewandelt. Der Vorgang der Fotosynthese dient der Energiegewinnung, indem energiereiche Stoffe, die Kohlenhydrate, dabei entstehen. Diese speichern sozusagen die Energie von der Sonne, um später als Nahrung für Tier und Mensch zu dienen.

Das Element **Wasser** ist ebenso lebensnotwendig, und zwar für Aufbau und Stabilität, sowie auch als Lösungsmittel für Salze und Farbstoffe in den Pflanzenzellen. Immer wieder muss die Aufnahme von frischem Wasser über die Pflanzenwurzeln erfolgen, um verdunstetes Wasser zu ersetzen und außerdem neue mineralische Nährstoffe von der Wurzel in die

Pflanzenorgane zu transportieren. Zudem wird ein Teil des aufgenommenen Wassers bei dem Vorgang der Fotosynthese verbraucht.

Die Elemente **Feuer** und **Wasser** ergänzen sich also, indem sie bei der Fotosynthese für die Erhöhung des Energieniveaus von Stoffen sorgen, zunächst in Kohlenhydraten wie dem Traubenzucker, der danach in andere Zucker und die Speicherform Stärke umgewandelt werden kann. Denn diese dienen auch Tieren und Menschen als Nahrung und ermöglichen ihnen das Überleben.

Das Element **Erde** stellt den Ort der Fruchtbarkeit dar: wir sprechen von der Mutter Erde, da die Erde sozusagen der Mutterschoß ist, in dem der hineingelegte Samen keimt. Hier erfolgt schließlich die Entwicklung des Keimlings und das Aufwachsen der Pflanze - denn in der Erde ist der Beginn des Lebens angesiedelt. Sie ist zugleich der Urgrund des Verwurzelns und Ernährens der sich entwickelnden Pflanzen. Später ernähren sich viele Tiere und der Mensch von den Pflanzen wie beispielsweise Getreide, Gemüse und Obst, die von ihrem Ursprung her aus der Mutter Erde stammen.

Die Elemente **Wasser** und **Erde** stellen eine enge Verbindung dar, weil sie gemeinsam wirken, da das Wasser von der Erde aufgenommen und in den Pflanzenkörper weitergeleitet wird.

Das Element **Luft** besteht nur aus gasförmigen Stoffen wie aktivem Sauerstoff, Kohlenstoffdioxid (für die Fotosynthese), sowie inaktivem Stickstoffgas. Entscheidend ist hierbei vor allem der Sauerstoff, der für den wichtigen Vorgang der Atmung benötigt wird. Bei der Atmung werden energiereiche Stoffe (wie die bei der Fotosynthese erzeugten Kohlenhydrate) wieder abgebaut und hierbei wieder in ihre Ausgangsstoffe zerlegt. Dabei entsteht Energie für die wichtigen Lebensprozesse. Das Prinzip der Atmung ist bei Pflanze und Tier/Mensch gleich.

Die bei der Atmung frei werdende Energie entsteht aus einem inneren Feuer, der Verbrennung von Nahrungsstoffen wie Kohlenhydraten oder Fetten. Eigentlich stammt die bei der Atmung frei werdende Lebensenergie ursprünglich von der Sonne, denn diese wurde bei der Fotosynthese zunächst in den Traubenzucker eingebaut, um dann in die anderen Nahrungsstoffe umgewandelt zu werden.

So schließt sich der Kreis: **alle vier Elemente** sind unerlässlich für das Leben der Pflanzen und folglich auch der Tiere und Menschen auf dem Planeten Erde.

In jedem Gedicht, das in das vorliegende Buch aufgenommen wurde, gibt es eine Zuordnung zu einem bestimmten Element/mehreren Elementen. Es versteht sich von selbst, dass das Wirken eines jeden einzelnen Elementes abhängt von vielen Faktoren: von Pflanzenentwicklung, Jahreszeit und vorherrschenden Wetterbedingungen. Folglich wirken zwar alle vier Elemente auf das Leben ein, dennoch herrscht hierbei mal das eine, mal das andere Element vor.

Wir können es gut nachempfinden, wann Feuer, wann Wasser, Erde oder Luft den Schwerpunkt des Lebensprozesses bilden. Auch ist uns sicherlich bekannt, dass ein Übermaß eines jeden Elementes zu Störungen, Schwächungen oder gar dem Tod von Pflanzen führen kann, wie das Verbrennen von Blättern (Feuer), Staunässe der Wurzeln (Wasser), Verkrustungen (Erde) und Sturmschäden an Bäumen (Luft).

In diesem Buch begegnen Ihnen die beschriebenen vier Elemente Feuer, Wasser, Erde und Luft in den unterschiedlichsten Konstellationen: der Unterschied liegt hierbei im entsprechenden Maß. Im richtigen Maß bringen sie Lebensprozesse voran, im falschen Maß (zu wenig, zu viel) oder im falschen Verhältnis der Elemente zueinander ist das Gegenteil der Fall.

Lesen Sie selbst, was Ihnen die Gedichte der Naturpoesie zu diesem Thema in dem vorliegenden Buch aufzeigen!

Begegnen Sie den vier Elementen Feuer, Wasser, Erde und Luft in der Natur!

Das Adonisröschen im Vorfrühling

1. Element Feuer

Das Adonisröschen

Die Blüte bildet
Eine gewölbte Scheibe
Die das Licht auffängt

Fliegen sammeln sich
Die Blüte zu bestäuben
Aufgeheizt der Raum

Adonisröschen
Gleißendhelle Reflektion
Des Sonnenlichtes

Scharbockskraut

Du zeigst dich in der ersten Sonne
wie ein gelber Hahnenfuß:
Scharbockskraut, du blühst vor Wonne,
aus dunkler Erde - gold'ner Gruß!

Gelackte Blüten bringen Glanz,
auffordernd zum Bestäubungstanz;
die Blätter fest, in sattem Grün:
das Frühlingslicht lässt alles glühn!

Die Schneerose

Weiß brichst du aus dem Grund,
die Knospe tut sich auf;
bist frisch du und gesund,
kommt Schönheit im Verlauf!

Nun öffnest du dich sacht,
strahlst hell zum Himmel hin;
am Tage und bei Nacht
folgt stets ein Neubeginn!

Du wunderbares Blühen,
in Blättern tief geschlitzt,
wirst auf der Schneeschicht glühen,
von Sonnenlicht beblitzt!

Krokus

Lila

Der Blütenstand

Den die Sonne treibt

Aus der Zwiebelknolle empor

Krokus

Thymian

Blütenkleid auf Felsen, kleinen;
rosa Teppich, flach und rund,
Sonnenstrahlen ruhn auf Steinen,
Hummeln sammeln Glut zur Stund'!

Hitze bringt den Spross zum Glühen,
Lippenblüte duftet streng;
und mit ihrem heißen Blühen
öffnet sie die Röhren eng!

Und die Hummeln aus ihr saugen
jenen süßen Lebenssaft;
dadurch zum Bestäuber taugen
letztlich durch die Sonnenkraft!

Endlich Sommer!

Endlich Sommer - lauer Wind
herrscht in der Bäume Kronen,
deren Blätter hellgrün lind
an dunklen Ästen wohnen!

Endlich Wärme, Sonnenschein
lässt Pfirsichbäume leben;
bringt Blüten, die hellrosa rein,
heraus schon Früchte streben!

Endlich klare Atemluft
weit und frei kann fließen,
um den herrlich bitteren Duft
des Pfirsichs zu genießen!

Endlich ist der Sommer da,
freue dich, mein Herz;
der Wunsch nach Sonne wird nun wahr;
vorbei des Winters Schmerz!

Brombeere

Die Perlen schwarz und glänzend,
gefüllt mit süßem Saft,
zur Beere sich ergänzend,
des Sommers ganze Kraft:

denn hier ist tief verborgen
ein Sonnenstrahl, der fällt;
genieße heut' und morgen
die Früchte dieser Welt!

Oktobersonne

Ein Tag, an dem die Sonne strahlt
und auf den Fluss die Farben malt.
Sie spiegeln sich im Wasser klar,
stell'n Gelb und Rot des Ahorns dar!

Der Pflanzenwelt noch sattes Grün
ein gold'ner Lichtschein bringt zum Glühn.
Und mittendrin das Scharlachrot,
des Wilden Weines Aufgebot!

Die helle Zeit ist bald vergangen,
dann hält das Dunkel uns gefangen.
Genießen wir die Sonnenstunde,
da Licht mit Freude steht im Bunde!

Winterglut

Strahlend

Die Sonne

Dem Nebel entsteigt

Weit hinauf sich schwingt

Winterglut

Tiefer Winter

Windstill ist es, Sonnenglut
rötlich fällt auf Berg und Hain.
Des Gestirnes heißes Blut
wärmt das weiße Feld allein!

Winternacht tritt kühl hinzu,
königsblau das Himmelszelt.
Aus der tiefen Winterruh'
leuchten Sterne auf die Welt!

Die Mosel bei Alken

2. Element Wasser

Vorfrühling am Teich

Graupel fällt in dichten Streifen,
auf dem Holzsteg schmilzt das Korn;
Märzenbecher weiß bereifen,
Gräser wehen schräg nach vorn.

Auf dem Teiche Wasserlinsen
gallertartig aufgelegt,
und am Rande stehn die Binsen
grünlich grau, vom Wind erregt.

Wasserpflanzen braun durchfeuchtet,
Haselstrauch mit gelbem Schein;
rosa durch die Kiefern leuchtet
Seidelbast im nahen Hain.

Sonne will die Wolken zwingen,
Tropfen fallen in den Teich,
und die Wellen gehn in Ringen
fernhin strömend sanft und weich.

Wasserspiegel bald sich glättet,
klar wie Glas sich schimmernd zeigt;
Weiß sich auf die Moose bettet,
Kiefernzweig sich tief verneigt.

Regen im März

Dunkles Wasser
Düst'rer Tag
Regen auftrifft
Wie er mag

Tropfen fallen
In den Teich
Kreise schlagen
Diese gleich

Wellen ziehen
Teich erbebt
Algen grünen
Wasser lebt

Wasser und Wind

Hart und hell fall'n Regentropfen,
singend saust dazu der Wind;
hämmernd auf das Vordach klopfen,
dazu Lüfte säuseln lind!

Frühling ist herangekommen,
Milde breitete sich aus;
Eisesluft ist uns genommen:
Winter, ziehe ganz hinaus!

Hämmernd auf das Vordach klopfen,
singend saust dazu der Wind;
hart und hell fall'n Regentropfen
Frühlingslüfte säuseln lind!

Frühlingsbirke am Bach

Gelbgrün schwebend
Zärtlich bebend
Birke schwingt entlang des Hains

Fließen, Strömen
Rauschen, Tönen
Birke und der Bach sind eins

Das Wasserperlenblatt

Des Frauenmantels so rundliches Blatt
ist von glitzernden Perlen umgeben:
die Kugeln aus Wasser verharr'n glasig matt
nun unter des Abendhauchs leichtem Erbeben.

Viel' Tropfen entquellen am laufenden Band
und bleiben; unmöglich ihr schnelles Entrinnen,
um schließlich am hauchfeinen Sägezahnrand
ihr feuchtes und glänzendes Werk zu vollbringen.

Wasser umgibt uns

Glitzert als Reif an den Bäumen
Weiß von Schnee sind die Berggipfel

Der Tau auf den Wiesen schimmert
Regen benetzt sanft meine Haut

Hagel wirft sich prasselnd nieder
Zäh in den Senken liegt Nebel

Wasser umgibt uns überall
Und es ist in uns verborgen

Wasser ist Leben

Wasser ist Leben
Wir sind von ihm durchdrungen
Und es baut uns auf

Ströme und Fluten
Füllen die Ozeane
Als Teil dieser Erde

Wenn es verdunstet
Entsteht die Luftfeuchtigkeit
Und damit Wolken

Sie regnen herab
Geben uns reines Wasser
Das stillt unsern Durst

Element Wasser
Fest an Leben gebunden
Allgegenwärtig

Der Fischschwarm

Der Schwarm ist eine Lebensform
Von gegenseitigem Gespür

Bewegung und Ruhe
Nähe und Ferne

Es reißt die Tiere miteinander fort
Wie das Strömen des Wassers

Sommerregen

Der Regen rauscht,
berührt das Blätterdach.
Der Felsblock raucht,
gibt Feuchte dampfend ab!

Die Hitze ist gebrochen,
Baumriesen atmen auf.
Das Eichhorn hat's gerochen,
geht steil den Stamm hinauf!

Wasser steht für Leben,
Wasser steht für Sinn.
Der Himmel hat's gegeben
für alle Wesen hin!

Regenwurmlosung: fruchtbare Erde

3. Element Erde

Was ist Erde?

Da, wo jene Erinnerung wohnt
an die ewigen Zeiten des Seins.

Von der Vielfalt des Lebens bewohnt
ist der Ort des verwitterten Steins.

Unsere Herkunft

Steine bergen Welten:
was vor Zeiten war
über jenen Zelten,
die dem Erdball nah -

Einbruch der Gewalten
in den heißen Kern,
leuchtende Gestalten:
war die Erd' ein Stern?

Steine sind erkaltet,
Kräfte darin ruhn
lange eingefaltet,
um sich aufzutun:

denn dies unser Leben
stammt aus dem Gestein:
eng verbunden weben
Fäden unser Sein!

An die Erde gebunden

Wir sind an die Erde gebunden
und Erde bedeutet auch: Stein -

verwittert in zahlreichen Runden,
belebt von der Vielzahl an: Sein -

die Grundstoffe werden entnommen,
mit Wasser verwoben hauchfein:

so ist alles Leben gekommen,
die Kraft aus dem Meer und dem Stein!

Ursprung des Lebens

Wir alle leben von der Erde,
die unsere Mutter ist,

und von dem Geist,
der sie bewegt.

Sieh, die Erde lebt!

Sieh, die Erde lebt!
Die Wüste färbt sich grün,
ein leichter Wind erbebt,
lässt Wölkchen langsam ziehn.

Sieh, die Erde lebt!
Dort karge Felsen stehn
mit Flechten gelb verklebt;
Verwitterung kann geschehn.

Sieh, die Erde lebt!
Der Bach strömt leis' dahin;
Ranken am Ufer verwebt,
der Raupen Lebensbeginn.

Sieh, die Erde lebt!
Leben ist groß oder klein;
wenn das Geheimnis sich hebt,
möchten Betrachter wir sein.

Der Regenwurm

Der Regenwurm, ein nützliches Tier,
gräbt sich am Tag in den Boden ein,
um in der Nacht, ganz mit Plaisir,
auf dem Wege nach oben zu sein!

Auf den Rasen, da fühlt er hinaus
zum Saugen von Algen und Gras;
Halme und Blätter zieht er heraus,
am liebsten verzehrt er sie nass!

In seinem Darm wird alles vermischt:
viel Humus, gefressene Erde;
was ihm als Nahrung wurd' aufgetischt,
verwandelt zum Kothäufchen werde!

Fruchtbare Erde erzeugt es damit,
dies überaus wichtige Bodentier,
jeder Wurm als ein Eremit,
in seinem eigenen Quartier!

Dunkler Mauerpfeffer

Hier liegen die glänzenden roten Kügelchen,
die prall gefüllt sind mit pflanzlichem Saft,
auf trockenen Steinen und felsigen Hügelchen;
in den Kugeln der Blätter, da liegt ihre Kraft!

Die Wurzeln sind eng mit dem Felsgrund verbunden,
Minerale entnehmen sie dort sacht und fein;
das Wachstum auf Erde ist fast unterbunden:
der Steinbrech saugt Nahrung direkt aus dem Stein!

Herbstblatt

Ein fuchsrotes kleines Blatt
kam zu mir ins Zimmer geweht;
an leuchtender Farbe satt
der Kirsche, die am Waldrand steht!

Du warst ein Teil vom mächtigen Baum,
der mich in tröstende Träume wiegt;
der an des Berglands tiefem Saum
im Frühjahr in reinweißer Blüte liegt!

Oktoberwind kühl, rau und herb,
er fegte dich vom Stamme fort;
der Winter bald das Blattwerk gerb
am Boden, dem Verwandlungsort!

Im Winter

Im Winter, da ruht alle Welt,
Kälte und Frost trifft die Erde
tief dringend in Acker und Feld;
dass der Boden durchfroren werde!

Das Wasser der Äcker gefriert,
bricht aus der eigenen Enge aus;
die zerklüftete Scholle gebiert
Fruchtbarkeit aus sich selbst heraus!

Der gefrorene Boden muss weiterhin ruhn,
Saatgut in ihm, es erscheint uns wie tot;
der Frühling, er kommt auf leisen Schuh'n:
er weckt den Keimling; der liefert das Brot!

Schneeregen

Wie schwere weiße Tränen
es tropft aus grauer Hülle,
die nun als dünne Strähnen
zerlaufen in der Stille.

Die Pflanzenwelt erschauert,
die Felder öd und leer,
im Ackerboden lauert
noch Kälte eisig schwer.

Doch schmale Halme sprießen,
Getreide wächst heran,
und alle Kräfte fließen
in dieses Grün fortan.

Wehende Blätter des Tulpenbaums

4. Element Luft

Bergahorn im Herbst

Feuerrotes Blatt

Abgelöst vom Ahornbaum

Schwebt fremd durch die Zeit

Das Ahornblatt

Feuerrot

Ein Ahornblatt

Durch Wind bewegt

Treibt es taumelnd dahin

Widerstrebend

Herbstblätter

Der Wind bläst über Weiten,
erfasst des Waldes Saum;
er lässt die Blätter gleiten
vom hohen Ahornbaum.

Sie flattern auf die Straßen
wie gold'ner Vogelschwarm,
und liegen jetzt verlassen
am Grunde still und zahm.

Herbststurm

Der Herbst, er stürmt den Wald entlang
und fegt die Stoppelfelder blank.

Befreit das Land von fahlem Laub,
befördert weit den Ackerstaub.

Aus blauem Grund die Wolke quillt,
der wilde Sturm ist gleich gestillt.

Bedeckt die Sonnenscheibe ganz
und nimmt den Feldern ihren Glanz.

Und dann reißt auf ein Wolkenloch,
die volle Sonne scheint nun doch.

Doch wieder zieht der Sturm einher,
der weht nun Feld und Acker leer.

Peitschen im Sturm

Birkenzweige wie Peitschen im Sturm
in schwärzlichem Glanz zur Seite sich schwingen;
grauweiße Stämme so schlank wie ein Turm
in rauesten Lüften geheimnisvoll singen!

Ein Schauer, er kommt mit dem Sturmwind gefegt,
erfasst auch Platanen und Pappeln eiskalt:
sie haben sich schräg in den Windstrahl gelegt,
sich wiegend vor rotbraunem Buchenwald!

Indessen die Birken geheimnisvoll singen,
grauweiße Stämme so schlank wie ein Turm;
in schwärzlichen Glanz zur Seite sich schwingen:
ledrige Zweige wie Peitschen im Sturm!

Der Sturmwind

Wolken stürmisch fliehn
am Himmel rasch voraus;
wie grauer Rauch sie ziehn
den leeren Raum hinaus!

Birkenäste schwanken,
durch Winde schräg gelegt;
Nadelbäume wanken,
von Böen stark bewegt!

Lass' deine Sorgen schwer
leicht werden und verwehn,
dass sie ohn' Wiederkehr
im Sturmwind untergehn!

Baumschicksal im Winter

Am Rande des Waldstückes
Baumwurzeln stehn,
verankert sehr fest
in den felsigen Klüften.

Weithin ihre Kronen
wie Rauchfahnen wehn,
auskostend die Freiheit
in eisigen Lüften.

Der Wintersturm

Ich lausche hinaus in die Weite
In den grauen Luftraum da draußen
Wie es dem Sturmwind dort wohl gefällt
Schon höre ich ein leises Rauschen
Dann eine Böe, ein dumpfer Schlag
Sich an schwerem Ast entladen hat

Öd, leer und fad ist die Winterwelt
Die Lüfte gehören nur dem Wind
Ungehindert fegt er übers Land
Schwirrend dreht er Spiralen dahin
Treibt trockene Blätter im Riesenschritt
Eisige Kälte bringt er nun mit

Prickelnd umsprüht mich jetzt der Regen
Mit ihm feine Kristalle von Schnee
Röten mein unverhülltes Gesicht
Wirbelnde Winde wirken ganz nah
Schon kriecht mir Kälte unter die Haut
Von überall ein zitternder Laut

Winter im Hochgebirge

Dicht verschneit liegen Wälder und Tal,
von außen gesehen nur Träumerei;
heftiger Wind macht die Laubbäume kahl,
vom grauen Himmel tönt Krähengeschrei!

Es wirbeln die Flocken quer über den Forst,
fein wie ein Sand oder Blütenstaub;
berühren in Höhen den Adlerhorst
und setzen sich nieder auf Nadellaub!

Auf den Bergesspitzen und Klüften
tiefer Frost lässt das Leben erstarrn;
der Sturm braust aus den Himmelslüften,
er wird die Zweige im Schnee verscharrn!

Rückkehr des Winters

Mittags noch Sonnenschein auf bunten Blumen,
drei Stunden später bläst eiskalter Sturm.
Sprühregen fegt über nasses Bitumen,
dreht sich um Stadthäuser, Kirche und Turm!

Kälte treibt über die grünenden Fluren,
Schneegriesel liegt längs dem knospenden Rain.
Dunkel das Land, selten weißgraue Spuren,
düster und braun steht erschaudernd der Hain!

Weiße Seerose

5. Zusammenwirken der Elemente

Frühlingsahnung

Vor tintenblauem Himmelszelt
Ziehn filigrane Wolkennetze
Hoch oben ihre zarte Bahn
Grauviolette flauschige
Darunter schneebeladen fahrn

Auf rauen Ackerschollen glimmert
Frisch gefallener Pulverschnee
Am weiten Horizont dort schimmert
Ein türkiser heller Streif
Erinnert mich an zarten Klee

Frühling strömt aus dem Baum

Sonnenschein liegt auf dem Wald,
Wasser empor steigt im Stamm;
Erdreich ruht immer noch kalt,
weiterhin feucht, kühl und klamm!

Wasserdampf zieht in den Raum,
treibt dabei Säfte hinan;
Frühling strömt nun aus dem Baum,
unsichtbar Leben fängt an!

Feuchte, sie fließt jetzt ganz leicht
in die umgebende Luft;
Blüten nun werden erreicht,
folgen mit bitterem Duft!

Knospe bricht hart aus dem Ast,
weiß ist ihr Blühen wie Schaum;
Blätter vom Wehen erfasst:
Frühling nun strömt aus dem Baum!

Weiße Seerose

Winterzeit vergangen,
tief im Schlamm vertäut,
hast du angefangen:
Stängel treibst erneut!

In Bewegung bleibe,
blüht der Sauerklee:
Wasserrose, treibe
aus in Teich und See!

Recke deine Blätter,
in den Stielen hohl,
hoch bei Frühlingswetter,
fühl' dich dabei wohl!

Lass' auch Blüten sprießen,
Knospen grün behaucht;
weiß wird sich ergießen,
Blütengrund gestaucht!

Und im Sommer blühe
nah' dem Riesenblatt;
leuchtend weiß erglühe
über'm Wasser satt!

Seerosen

Wo Luft und Wasser gleiten,
durchmischend ziehn im Teich,
sich oben Blätter breiten,
die Wurzel Ankern gleich!

Mit ihrem weißen Blühen
von Ferne sie her blinken;
da mag mit rotem Glühen
die Sonne ihnen winken!

Auf den Rheinhöhen

Der Himmel überspannt uns ganz,
tief unten der blaue Rhein;
Getreidefelder im Glanz
der Abendsonne Schein.

Ein Hauch nun die Ähren streift,
das Feld sich im Winde wiegt;
unmerklich Getreide reift,
im Spelz' es verborgen liegt.

Im rasch erglühenden Licht,
vorbei an Schatten und Feld,
wir wandern bei herrlicher Sicht
beglückt durch die Sommerwelt.

Nahen des Gewitters

Stechend heißes Zehren
Wolken quellen auf
Steigen in die Sphären
Weit und hoch hinauf

Hin und wieder Blitzen
Fernes Donnergrollen
Weißlich gelbe Spitzen
Graue Wirbel rollen

Stürme losgelassen
Winde einwärts drehen
Lichter ganz verblassen
In das Dunkel gehen

Island

Durch Feuer entstanden
Weil unter dem Meere
Das Magma erscholl

Vulkane entbrannten
Durch Spalten wie Speere
Heiß sprudelnd wie toll

Entfesselte Mächte
Das Inselreich formten
An Zauberkraft voll

Flussufer im Herbst

Dort, wo sich Wasser und Land nun begegnen,
ein stetiges Fließen den Boden berührt.
Wenn Sonne und Wind auch die Erde segnen,
hat dies meist zu fruchtbarem Leben geführt!

Die Weidenbüsche im gelblichen Laube
spiegeln sich klar, doch leicht bebend, im Fluss.
Mächtig der Walnussbaum - und ich glaube,
er spendete lang' manche schmackhafte Nuss!

Dann, wenn die Herbststürme gehn übers Land,
Blätter wehn bräunlich, zerrissen, zerzaust
und sammeln sich dort an des Flusses Rand,
während am Ufer der Sturmwind hin braust!

An einem Wintertag

Grauer Himmel marmoriert
Freie Weiten himmelblau
Helligkeit aus ihnen strömt

Brauner Humus weiß bedeckt
Locker fällt der Pulverschnee
Auf das rot verfärbte Laub

Dunkelgraues Baumgerüst
Äste aufrecht in der Luft
Ahornbäume warten still

Frühlingswärme, Frühlingslicht
Werden treiben irgendwann
Grüne Knospen aus dem Zweig

Sonnendurchschienenes Blatt

6. Gedichte zur Meditation

Die Energie des Ursprungs

Der Ursprung des unendlichen Weltalls
ist Energie, von Ewigkeit an.

In Form des Lichtes
bringt sie die grünen Pflanzen zum Wachsen;
von ihnen ernähren sich Tiere und Mensch.

In Form der Wärme
sorgt sie für die chemischen Prozesse;
sie ermöglichen erst unser Leben.

In Form des Klanges,
der eine Urkraft des Neubeginns ist;
er reinigt den Körper, die Seele, den Geist.

Kein Leben gibt es ohne jene Energie,
die von Gott in diese Welt gesandt ist.

Im Zentrum die Sonne

Ich grüße dich, Sonne:
heller Gedanke in glitzernder Flur!

Ich schätze dich, Sonne:
du wandelst am Himmel auf leuchtender Spur!

Ich liebe dich, Sonne –
du glühendes Wesen im blauen Azur!

Du bist meine Göttin:
strahlende Sonne, Lebendigkeit pur!

An die Gottheit

Lass' die Wolken weit entschweben
hoch ins ferne Himmelszelt;

lass' die Stürme eisig fegen
heftig durch die ganze Welt;

rüttle unsere Seelen auf
aus des Trübsals dunkler Bahn;

führ' der Sonne klaren Lauf,
dass die hellen Strahlen nahn!

Die Knospe

Ein Baumgerüst wartet,
dass Licht hindurch dringt,
durch wärmenden Lichtstrahl
die Knospe aufspringt!

Entwickelt sich weiter
aus Schichten gerollt
und wächst heran heiter
zum Blatt gottgewollt!

Das große Atmen

<u>Wolken</u>

watteartig, nebelgleich

grau und weiß, ein wenig blau

Feuchtigkeit in ihnen ruht

<u>Bäume</u>

in helles Frühlingslaub gehüllt

von grauer Regenluft durchdrungen

leise in dem Nebeldampf

schwanken sacht' die grünen Riesen

rühren an den Himmel weit

Raum

Aus jenem grünen Vorhang dringt

der quirlig strömende Gesang

des einen Vogels unsichtbar

Atem

Luft berührt das Ahornblatt

dieses öffnet seine Poren

saugt das Strömen gierig ein

gierig streckt sich jede Zelle

nach dem reinen Lebensstoff

Das innere Feuer

Das innere Feuer, es brennt
in uns bei Tag und bei Nacht;
doch niemand es sieht oder kennt,
denn unsichtbar ist seine Fracht!

Wir atmen bei Tag und bei Nacht
und nehmen den Sauerstoff auf,
vom Atem nach innen gebracht;
und Zucker verbrennt im Verlauf!

Energien, die hierbei entstehn,
sie werden in Zellen dann frei:
erst musste die Nahrung vergehn
und Kräfte entstanden dabei!

Unsichtbar geht diese Fracht
der Lebensprozesse voran:
die Atmung hat diese Macht,
bringt Kräfte zum Leben heran!

Mutter Erde

Wir sind aus dem Erdreich entstanden,
vor uns waren Blumen und Tau;
sich Kräfte der Erde verbanden
mit Feuer und Lüften so blau!

Die Erd' mit dem Himmel verbunden,
von außen der Acker belebt;
sie konnte gebärend gesunden,
hat Vielfalt an Leben gewebt!

Die Erde gebiert uns und will,
dass weiter das Leben wird gehn;
verharren wir staunend und still,
auf sie voller Achtung wir sehn!

Fruchtwasser

Vom Fruchtwasser umhüllt

Bewegt sich der Embryo

Im freien Raum

Allumfassend

Ihn umspülend

Und ernährend

In enger Berührung

Es ist für ihn die Welt

Das Wasser der Zellen

Singen, das durch den Körper geht,

Klingen, das im Außen entsteht

beeinflusst alles Wasser der Zellen,

nur allein durch den Rhythmus der Wellen.

Wasser ist Träger von Sprache und Sinn,

berührt alle Zellen bis tief innen hin.

Wasser ist alles umfassende Botschaft!

Gedichtformen
(kursiv = Gedichtbeispiele aus dem Buch)

I. ohne Reim:
Verse sind unabhängig vom Reim
Das große Atmen, S. 78/79

II. mit Reim:

Unterscheidung nach **Versmaßen**:

Trochäus: Betonung liegt auf der 1. Silbe;
abwechselnd 1 Hebung, 1 Senkung
Vorfrühling am Teich, S. 26/27

Jambus: Betonung liegt auf der 2. Silbe;
abwechselnd 1 Hebung, 1 Senkung
Sommerregen, S. 35

Anapäst: Betonung auf der 1. Silbe;
abwechselnd 1 Hebung, 2 Senkungen
Frühling strömt aus dem Baum, S. 63

Dactylus: Betonung auf der 2. Silbe; abwechselnd 1 Hebung, 2 Senkungen
Das innere Feuer, S. 80

III. Silbengedichte:
ohne Reim, aber mit einem Versmaß:
An einem Wintertag, S. 71

IV. Elfchen:
besteht aus 11 Wörtern, in der Folge der fünf Zeilen sind es 1, 2, 3, 4, 1 Wörter
Winterglut, S. 22

V. Haiku:
besteht aus 17 Silben, in der Folge der drei Reihen sind es 5, 7, 5 Silben;
Bergahorn im Herbst, S. 50

Gedichtbeispiel mit Versmaß Trochäus:
Betonungszeichen ˘ für alle Hebungen im vorliegenden Gedicht; die Senkungen erfolgen unmittelbar danach.

März

Sŏnne scheĭnt durch braŭne Blătter,
diĕ sich ăn den Zweĭgen drăngen,
năch dem sprŏden Wĭnterwĕtter
nŏch am Bĭrkenreĭsig hăngen!

Sŏnne - wărme kăhle Băŭme,
dăss sie Knŏspen aŭswärts treĭben;
dŭftig leĭchte Blŭtenträŭme
wŏll'n sich Lŭfte eĭnverleĭben!

Sŏnne - scheĭne mĭld und gĕbe
deĭne Gŭte ĭn den Raŭm,
dăss die gănze Ĕrde lĕbe
diĕsen eĭnzig wăhren Traŭm!

Fotoverzeichnis © Heike Haas

Kapitel-/Titelverzeichnis

Alphabetisches Titelverzeichnis

Liste der botanischen Pflanzennamen

1. Krautige Pflanzen/Stauden

Adonisröschen	Adonis vernalis
Binse, Blaugrüne	Juncus inflexus
Frauenmantel	Alchemilla vulgaris
Krokus (Frühlings-)	Crocus vernus
Märzenbecher	Leucojum vernum
Seerose, Weiße	Nymphaea alba
Sonnenblume	Helianthus annuus
Thymian	Thymus vulgaris
Wasserlinse, Kleine	Lemna minor

2. Bäume und Sträucher

Ahorn (Berg-)	Acer pseudoplatanus
Ahorn (Spitz-)	Acer platanoides
Birke (Weiß-)	Betula pendula
Haselnuss	Corylus avellana
Kiefer (Wald-)	Pinus sylvestris
Kirsche (Vogel-)	Prunus avium
Pfirsich	Prunus persica
Seidelbast	Daphne mezereum
Tulpenbaum	Liriodendron tulipiferum
Waldrebe	Clematis vitalba
Weide (Sal-)	Salix caprea
Wilder Wein	Parthenocissus quinquefolia